ALLOCUTION

PRONONCÉE PAR

M. L'ABBÉ LE MONNIER

VICAIRE A SAINT-LOUIS D'ANTIN

le 12 septembre 1877

DANS L'ÉGLISE DE N.-D. DE CHOLET

à la bénédiction du mariage

DE

M. SIMILIEN MAISONNEUVE

AVEC

Mlle MARIE-LOUISE ROUSSELOT

IL y a déjà quelques années, MONSIEUR, une de celles que vous nommerez désormais et qui seront en effet des sœurs, une de vos aînées, MADEMOISELLE, célébrait le dix-huitième anniversaire de sa naissance. Elle en faisait comme la fête de son printemps, et cette fête devenait pour elle une source d'allégresse et un chant d'actions de grâces. De la plénitude qu'elle trouvait dans son cœur elle se faisait un bonheur et un devoir de remonter vers Celui qui était l'auteur de cette plénitude.

Elle y était bien délicatement aidée par une âme alors tout à fait voisine de la sienne.

« Dans la matinée, » m'écrivait-elle, « Marie, » une autre sœur, Monsieur, une sœur depuis long-temps attentive et dévouée, « Marie m'a lu cette parole de Bossuet : Il y a une prédestination de lieux et de personnes que Dieu destine à notre bien et à notre bonheur. »

« Il y a une prédestination de lieux et de per-sonnes que Dieu destine à notre bien et à notre bonheur ; » voulez-vous que je vous rapporte ici cette heureuse parole qui me venait alors des vôtres, et qui, à ce titre, appartient dès mainte-nant à vos souvenirs ? Aussi bien je n'en connais pas qui pût répandre plus de lumière sur la grande action que vous commencez. Elle est au reste, il me semble, de celles que l'homme doit aimer à entendre. Est-il quelqu'un d'entre nous qui, se reportant aux années écoulées, n'aille tout d'abord saluer ceux dont il a sur-tout ressenti la bienfaisante influence ? Père et mère, frères et sœurs, maîtres et amis, est-ce que nous n'aimons point sous les traits de tous ces êtres chéris à reconnaître la Providence paternelle qui a pris soin du progrès et de l'élévation de notre vie ? Nous ne nous trompons pas. C'est Dieu qui prépare et ménage les rencontres heureuses. Père de la grande famille humaine, il dispose de ses enfants selon les conseils de sa sagesse et de sa bonté : il va les prendre parfois à d'incroyables distances et il les rapproche, il les mêle afin qu'ils grandissent dans l'union qu'il leur a faite.

Parmi toutes ces unions destinées à notre bien et à notre bonheur, il n'en est pas, vous le comprenez, qui ait autant d'effets profonds que celle que vous allez contracter. Aussi est-ce notre conviction qu'il n'y en a pas où la divine prédestination dont Bossuet nous parlait tout à l'heure se fasse sentir davantage. Vous vous rappelez ce que nos saints livres racontent du premier homme. Sorti récemment des mains de son créateur, il était plein de vie et de jeunesse, il régnait sur lui-même et sur le monde, mais il était solitaire dans ce haut degré, sans compagnie, sans conversation, sans douceur. Alors Dieu le considéra de nouveau, et, trouvant mauvais qu'il demeurât dans cet isolement, il résolut de lui donner, selon l'expression de la Bible, une aide semblable à lui. Il tira Ève de son côté, la revêtit de grâce, d'innocence et de beauté, et, la prenant par la main, comme font encore les pères, comme votre père vient de le faire pour vous, Mademoiselle, il l'amena et la présenta à Adam. Adam tressaillit à son aspect, et, dans l'élan à la fois religieux et charmant qui l'entraînait vers elle, il s'écria : elle est la chair de ma chair, elle portera mon nom : *vocabitur virago.*

Qu'aimable et belle est cette scène du monde naissant, n'est-ce pas ? Eh bien, nous croyons que, pour qui sait voir, il se passe quelque chose de semblable dans tout mariage cherché et accueilli avec une volonté droite et pure. Nous croyons qu'alors surtout Dieu intervient, et que c'est lui qui, après avoir rapproché ceux qu'il veut unir, les incline l'un vers l'autre, et les ouvre au sentiment profond qui doit devenir la force et la bénédiction de leur vie. Et comment, dites-moi, pourrait-il en être autrement? Le monde ne va pas au hasard. L'homme surtout, créature privilégiée, n'est pas livré à l'aventure. Or, s'il en est ainsi, si Dieu a pour ceux qu'il a créés la sollicitude d'un père, quand son action se montrera-t-elle, si ce n'est à l'heure où vous êtes ? Est-ce qu'il en doit être pour vous de plus solennelle et de plus décisive ? Est-ce que l'acte que vous allez faire, par sa nature, par ses conséquences lointaines, n'est pas appelé à marquer de son empreinte tous les moments de votre vie ? Le frémissement de vos âmes, l'émotion de vos parents, la religieuse sympathie de cette assemblée d'amis, tout ne vous avertit-il pas qu'une nouvelle ère commence pour vous, et que tout votre avenir terrestre, que dis-je, votre avenir terrestre ? vos destinées éternelles elles-mêmes sont ici en suspens et comme en germe. Dieu est donc là, nous en avons la confiance ; car, avant d'y venir, vous l'avez sérieusement interrogé et invoqué.

Oui, Dieu est là ; c'est lui, c'est sa Providence qui, vous ayant prédestinés à vivre et à vous sanctifier ensemble, a été vous prendre à des extrémités opposées, et, par une entremise discrète et douce, vous a rapprochés l'un de l'autre comme deux arbrisseaux destinés à marier un jour leurs rameaux et leur ombrage. C'est lui, Monsieur, qui, agitant doucement votre cœur, vous a tout d'abord inspiré une inclination sérieuse pour l'aimable et pieuse enfant qui devient aujourd'hui votre épouse, et vous fait maintenant saluer en elle toute l'espérance et toute la joie que votre forte jeunesse désirait pour son partage. C'est lui aussi, Mademoiselle, qui, après les années de silence et de recueillement où vous avez grandi, vous a dit que vous ne vous tromperiez pas en répondant à la tendresse qui vous était offerte par l'exquise tendresse de votre âme, et qu'il y aurait dans cette union un emploi pour tout ce que vous avez de bon, et une satisfaction pour tout ce que vous avez droit d'attendre. En allant l'un vers l'autre, tous deux vous avez cru en Dieu qui vous conduisait en même temps que vous croyiez à votre sincérité et à votre délicatesse réciproques. C'est cette double foi qui vous a amenés au pied de cet autel.

Et maintenant, comment allez-vous y être accueillis ? Je parcourais il y a quelque temps un livre consacré à nos antiquités ecclésiastiques. Au milieu de dessins nombreux, j'en trouvai un qui représentait une médaille frappée au cinquième siècle, à l'occasion d'un mariage. Les époux, dans une belle attitude, chastes et nobles, étaient au premier plan. Ils portaient sur la tête le nimbe dont les premiers artistes chrétiens ornaient les pieux personnages, et se donnaient affectueusement la main. Au second plan était Notre-Seigneur, majestueux, et pourtant respirant la bonté. Il imposait la main droite sur l'époux, la main gauche sur l'épouse, et, autour de cette scène, il y avait une légende qui exprimait les sentiments ou, comme on disait alors, l'acclamation des assistants. Cette acclamation, c'était comme un cri d'admiration et de bonheur : Feliciter Nvptiis, — « Ah! vous vous mariez sous d'heureux auspices! » Excellente image, mon cher frère et ma chère sœur, de ce qui doit se reproduire en ce moment. Dans quelques instants, vous agenouillant ensemble, vous allez vous mettre la main dans la main, et, manifestant enfin les sentiments qui ont pris possession de votre âme, vous allez déclarer devant Dieu, qui est votre commun Père, devant l'Église, qui est votre témoin, devant tous ces amis qui vous contemplent, que vous vous prenez pour époux et pour épouse, et que vous êtes résolus à vous offrir à jamais une tendresse sainte, un dévouement vrai, une fidélité inviolable. Voilà ce que vous allez faire.

Et Dieu, que fera-t-il? Oh! croyez-le, Dieu ne se contentera pas de vous recevoir et de vous regarder comme s'il n'avait rien à vous dire et rien à vous donner! Tout à l'heure je vous rappelais le souvenir du premier homme et de la première femme. Celui qui les avait créés l'un pour l'autre les considéra, dit l'Écriture, et, les considérant, il les trouva beaux et il les bénit dans leur union. Eh bien, Dieu va vous bénir aussi, et voici quelles seront les suites de cette bénédiction. L'amour qui vous a portés l'un vers l'autre n'est encore qu'un sentiment déjà pur et radieux, je le crois, humain cependant et tout naturel. Il va, par la grâce divine, être transformé et revêtir un caractère auguste et sacré. Vous avez sans doute réfléchi à ce qu'on nomme vertu parmi les hommes? C'est, n'est-il pas vrai, la fidélité à certains sentiments qui dérivent de notre condition et s'imposent avec autorité à notre libre arbitre? Après la bénédiction sacramentelle, c'est au nombre de ces grands sentiments qu'il faudra compter votre amour. Il aura pris un nom nouveau; il s'appellera *l'amour conjugal,* et ce nom, divinement honoré, le placera à côté de tous ces chers et saints amours qui sont le devoir et la dignité de la vie humaine. Vous ne pourriez plus le laisser s'éteindre sans crime. Vous ferez acte de vertu en travaillant à l'entretenir comme un feu vraiment sacré. Un père de l'Église, Clément d'Alexandrie, exprime cette vérité sous une forme gracieuse : « Il faut, » dit-il, « entourer l'affection conjugale d'une sorte de culte, comme on ferait pour une statue sacrée. » Vous savez comment dans nos églises on traite les saintes images? On a pour elles des soins délicats, on leur apporte des fleurs souvent renouvelées, et aux jours de fête on brûle des parfums en leur honneur. Voilà ce que vous aurez à faire pour votre mutuelle tendresse au foyer et dans le secret de la maison que vous fondez aujourd'hui ; vous devrez la considérer avec un saint respect, écarter avec une religieuse vigilance tout ce qui pourrait l'atteindre, et, s'il se peut, la garder toute votre vie dans sa fraîcheur et dans sa beauté première. Heureux devoir ! proclamons-le. N'entrevoyez-vous pas tout ce que son constant accomplissement doit répandre, sur deux vies, de charme, de poésie, de vrai bonheur ?

Pourquoi ce caractère d'obligation, pourquoi cette dignité extraordinaire conférée à l'affection des époux ? Je dois vous en dire le secret, car nous sommes vraiment à ce qu'il y a de plus divin dans le sacrement que vous allez recevoir. C'est notre foi que Dieu est venu sur la terre. Il avait créé les hommes ; les hommes s'étaient égarés et se perdaient ; il voulut les sauver. Il vint donc, ayant pris leurs propres traits pour en être plus aisément reconnu, et il passa au milieu d'eux leur offrant la vérité et les invitant à la vertu, qu'ils ne connaissaient plus. Il les émut par une ineffable bonté, les réunit dans une société sainte qu'il nomma Église ; puis, les ayant aimés, il les aima jusqu'à la fin, dit saint Jean, et il se dévoua et mourut pour eux. C'est là, dites-vous, l'abrégé de ce que Dieu a fait pour nous. Oui, mais ce Dieu, qui a aimé les hommes, la vérité et la reconnaissance l'ont nommé le royal Époux des âmes, et ce qu'il a fait pour tous, vous aurez, époux chrétiens, à le faire l'un pour l'autre. Écoutez ce qu'écrivait saint Paul aux fidèles de la ville d'Ephèse : « Femmes, soyez soumises à vos maris comme « au Seigneur, car le mari est le chef de la « femme comme Jésus-Christ est le chef de « l'Église, qui est son corps et dont il est le « Sauveur. Et vous, maris, aimez vos femmes « comme Jésus-Christ a aimé l'Église, s'étant « lui-même livré pour elle, afin de la sanc- « tifier, afin qu'elle parût à ses yeux pleine « de gloire, n'ayant ni tache, ni ride, ni rien « de semblable, mais étant vraiment sainte et « irrépréhensible. » Vous entendez quel sublime idéal vous proposent ces fortes paroles. Comme je vous le disais, elles font de la tendresse que vous allez vous promettre une image de l'infinie tendresse que Dieu a témoignée aux hommes. Elles vous demandent de rendre cette tendresse active, et d'avoir souci de votre beauté et de votre sainteté mutuelles comme Jésus-Christ s'est divinement soucié de la beauté et de la sainteté de ceux qu'il avait sauvés. Elles vont jusqu'à dire qu'à l'exemple de Celui qui s'est immolé pour nous, vous devriez, au besoin, vous donner sans hésitation et vous dévouer l'un pour l'autre. Ah! s'il en est ainsi, et il en est ainsi, nous en avons l'assurance, la société des époux a vraiment une grandeur mystérieuse! Il n'y a pas à s'étonner que Dieu l'ait entourée d'honneur, et qu'à l'heure où elle se forme, il ait voulu ouvrir une nouvelle source de grâces pour ceux de ses enfants qu'il y introduit.

Voilà le mariage, Monsieur et Mademoiselle, le voilà tel que Dieu l'a fait. Dieu fait les choses belles. Ce sera à vous de ne pas déchoir, de demeurer attachés à cette beauté, de l'avoir sans cesse devant vos yeux comme la lumière qui doit diriger tous vos actes. Vous le ferez, c'est l'espérance de tous ceux qui vous connaissent.

Je m'arrête sur cette parole. L'heure est venue. Ce que tous deux vous avez désiré va être fait : Jésus-Christ et son Église vont bénir votre alliance, vous allez être époux et épouse. Recueillez-vous et renouvelez-vous dans vos meilleurs sentiments. Agenouillés au pied de cet autel, élevez vos cœurs en haut, et invoquez, avec toute la ferveur dont vous êtes capables, Celui que depuis votre première enfance vous nommez votre père des Cieux. Appuyez-vous sur lui, et, fortifiés par le sentiment de sa présence, donnez-vous irrévocablement l'un à l'autre. Ne craignez pas. Il y aura d'admirables ressources et des joies dignes de ce nom dans l'avenir où vous allez entrer. Vous connaissez nos belles fresques de Saint-Vincent de Paul, de Paris. Dans le cadre que le peintre a lui-même nommé celui *des saints ménages*, les époux s'avancent vers l'éternelle félicité en s'appuyant l'un sur l'autre et en se regardant avec tendresse. Telle sera, si vous êtes fidèles, votre attitude devant Dieu, devant l'Église et devant les hommes.

PARIS — IMPRIMERIE ALCAN-LÉVY, 6-, RUE DE LAFAYETTE.

www.ingramcontent.com/pod-product-compliance
Lightning Source LLC
Chambersburg PA
CBHW061856080726
47597CB00010BA/4221